AF291955

A Monsieur A. DANHAUSER
Inspecteur principal de l'Enseignement du Chant
dans les Ecoles Communales de la Ville de Paris

1600
EXERCICES GRADUÉS

DE LECTURE MUSICALE

INTONATION – RYTHME – TONALITÉ

A L'USAGE
des Ecoles Municipales, des Ecoles Communales, des Ecoles Normales,
Cours d'Adultes, Lycées, etc.

PAR

JULES ARNOUD

Professeur à l'Ecole Municipale Turgot, etc.

Ire PARTIE	IIme PARTIE

Ire PARTIE
Contenant 1000 Exercices
Pr. NET: 1 Fr. 50

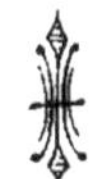

IIme PARTIE
Contenant 600 Exercices
Pr. NET: 1 Fr. 50

Cartonnage 0^f25^c en plus

PARIS

Librairie Musicale

ALPHONSE LEDUC, EDITEUR, 3, RUE DE GRAMMONT

Propriété réservée pour tous Pays

1881

AVANT-PROPOS

Nous nous sommes proposé en écrivant ce recueil, d'offrir aux élèves des Ecoles Municipales, Communales, Normales et des Lycées & , un grand nombre d'exercices sur l'*Intonation*, le *Rythme* et la *Tonalité*.

Ces Exercices sont classés par ordre de difficultés.

Dans le but de faciliter le travail des Elèves, le professeur pourra expliquer les principes théoriques à mesure qu'ils se présenteront dans cet ouvrage.

Pour chaque tonalité nous avons employé différentes formules qui, à notre avis, forment beaucoup mieux l'oreille que l'étude presque toujours routinière de l'intonation par les *intervalles*.

Nous avons également écrit beaucoup d'exercices de Rythme, afin d'habituer les élèves à acquérir le sentiment de la mesure, si difficile à leur donner quand déjà ils ont à se préoccuper des difficultés d'intonation qui se rencontrent dans les leçons de solfège. Ils trouveront dans ce recueil de nombreuses leçons mélodiques, écrites sur tous les principes de la musique dans toutes les mesures et dans tous les tons.

Ces leçons ont été composées principalement pour nos élèves des Ecoles Communales, et les bons résultats que nous avons obtenus par leur emploi nous ont décidé à les publier.

Puisse ce travail répondant à des besoins nouveaux contribuer au développement de l'Education musicale, c'est là notre plus grand désir.

J. A.

1600 EXERCICES GRADUÉS

de LECTURE MUSICALE

INTONATION, RYTHME et TONALITÉ

JULES ARNOUD

PREMIÈRE PARTIE

EXERCICES
pour apprendre à connaître les notes

Les Nᵒˢ 1 à 27 doivent être lus et non chantés

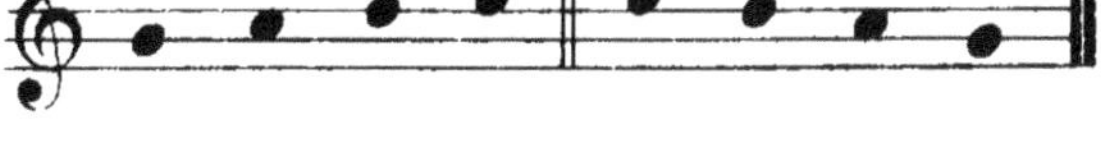

Paris, ALPHONSE LEDUC, Editeur.   A.L.6417.   (Gravé chez Alphonse Leduc)

do ré mi fa sol sol fa mi ré do
do si la sol sol la si do

FORMULES DIVERSES(*)
préparatoires à l'Etude de l'Intonation des Intervalles

(*) Le professeur pourra trouver différentes formules analogues à celles-ci en les écrivant au tableau noir, ou bien encore en montrant les notes de la gamme écrite sur la portée ou sous la forme d'une échelle. Chaque *exercice* doit-être *chanté plusieurs fois* jusqu'à *parfaite justesse*.

A.L.6417.

EXERCICES d'INTONATIONS sur les INTERVALLES

SECONDES MAJEURES et MINEURES

QUARTES JUSTES et AUGMENTÉES

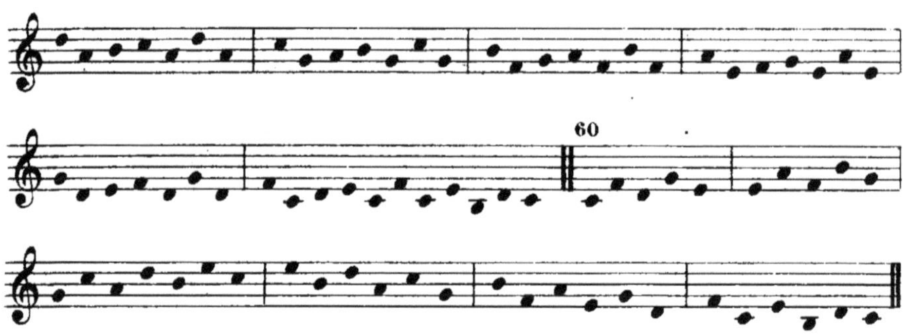

QUINTES JUSTES et DIMINUÉES

SIXTES MAJEURES et MINEURES

A. L. 6417.

SEPTIÈMES MAJEURES *et* MINEURES

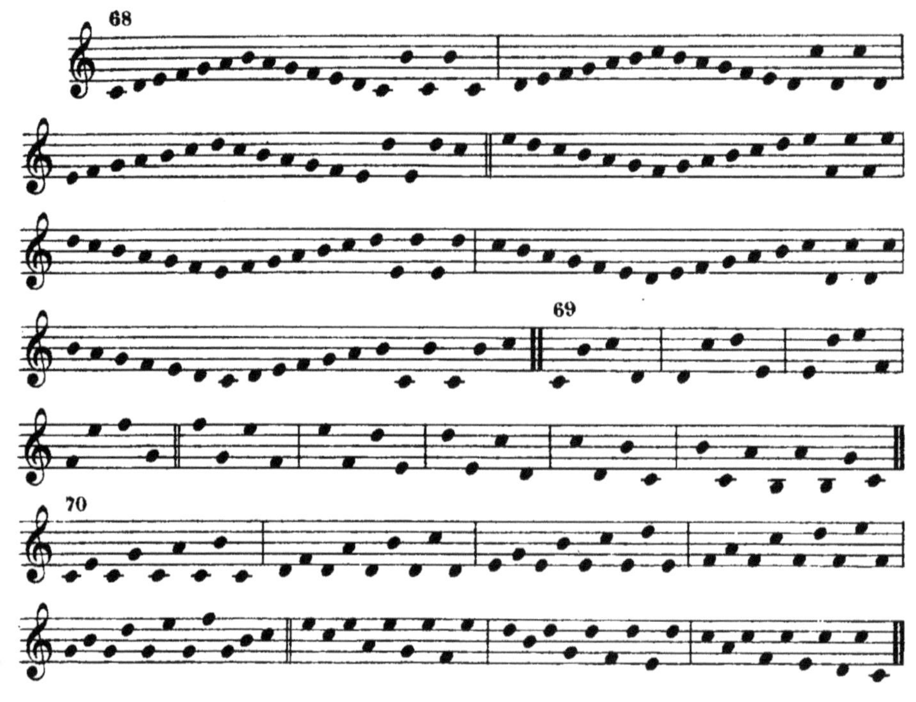

OCTAVES

NOTA
Le professeur peut exercer les élèves à la dictée orale après les exercices d'intonation.

A.L.6417.

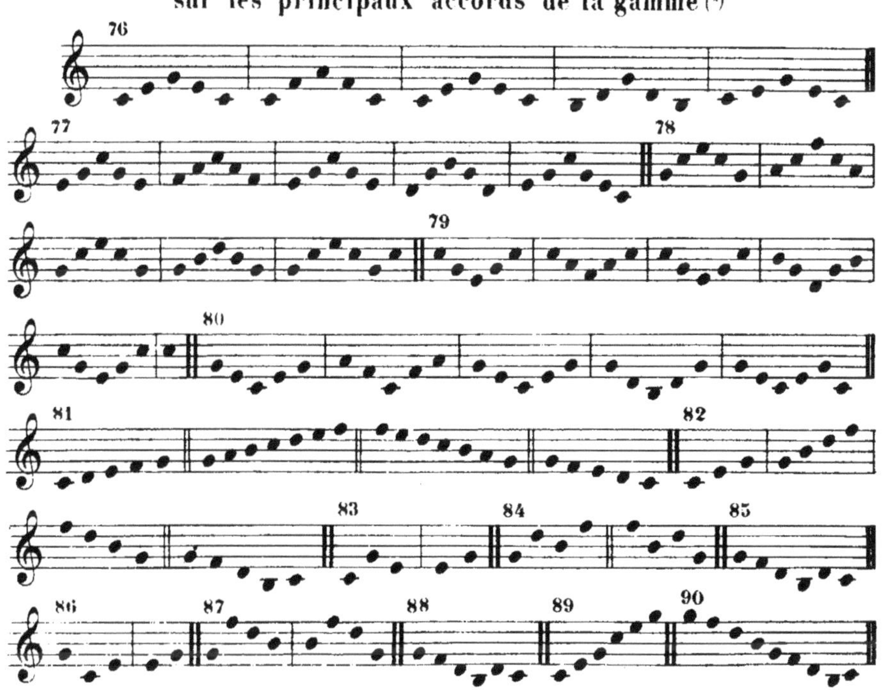

FORMULES DIVERSES
sur les principaux accords de la gamme (*)

─────────────────────────

(*) Le professeur pourra varier ces formules en les écrivant au tableau.

MESURE à $\frac{2}{4}$

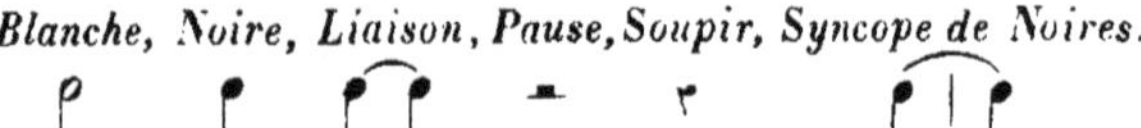

Blanche, Noire, Liaison, Pause, Soupir, Syncope de Noires.

EXERCICES PRÉPARATOIRES

NOTA. — Ces *exercices* se travaillent en battant la mesure et en prononçant le nom des notes dans l'ordre de la *gamme ascendante* (à volonté). Ils doivent être répétés plusieurs fois.

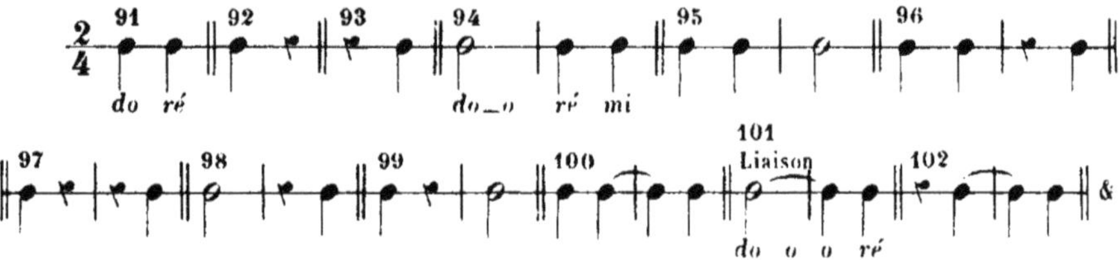

LEÇONS

Les *leçons suivantes* doivent être lues et chantées dans un mouvement modéré et à demi-voix.

12

105
106
Blanches et Pauses.
1 2   1 2
107
Noires.
108
mf
Blanches et Noires
109
110
A.L.6417.

(*) *Liaison*, ligne courbe placée sur deux notes à l'unisson, qui indique qu'il faut prolonger le son de la seconde note sans la répéter. Un son qui commence sur un temps faible ou sur la partie faible du temps et qui se prolonge sur un temps fort s'appelle *Syncope*.

Si le professeur le juge à propos, il peut faire chanter quelques leçons à deux parties, sur ces principes. (Voir à la page 94).

A.L.6417.

14

116

117

118

A.L.6417.

MESURES à 3/4

Blanche pointée, Blanche, Noire, Syncope de Noires

Pause, Demi-pause, Soupir.

EXERCICES PRÉPARATOIRES

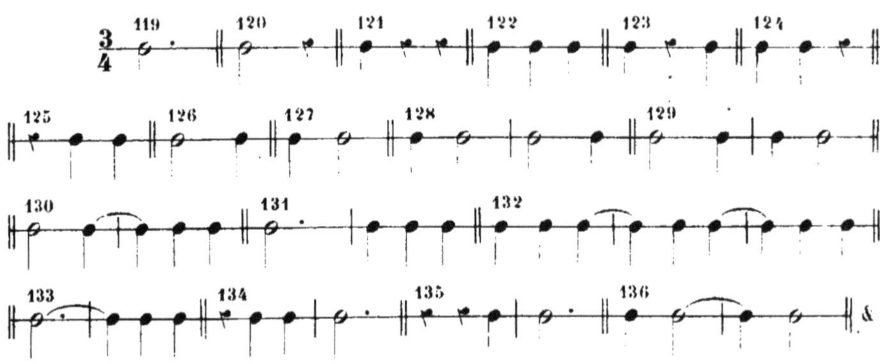

LEÇONS

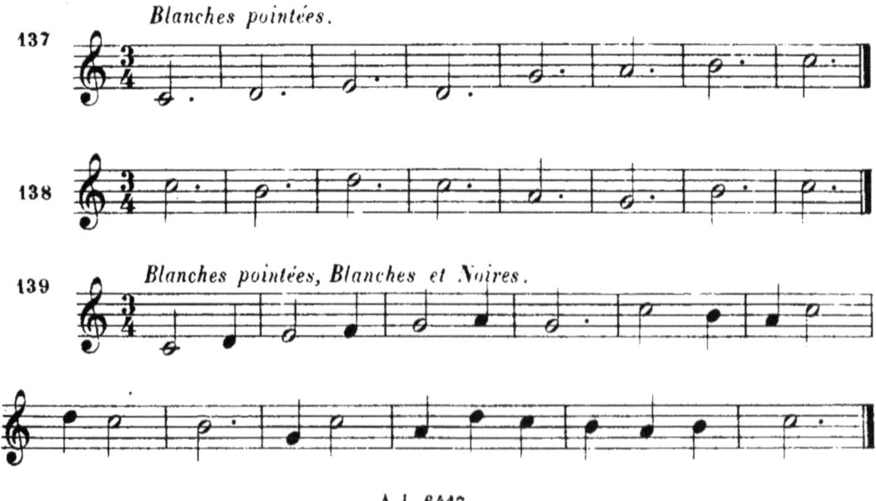

140
141
Blanches pointées, Blanches, Noires, Pauses, Demi-Pauses.
142
143
144
145
Moderato.
146

Allegretto.
147
Mêmes valeurs de notes et de silences avec liaisons.
148
Moderato.
149
Allegretto.
150

MESURE à C ou $\frac{4}{4}$

Ronde, Blanche pointée, Blanche, Noire,

Liaison de Blanches, Syncope de Blanches et de Noires, Pause, Demi-pause Soupir.

EXERCICES PRÉPARATOIRES

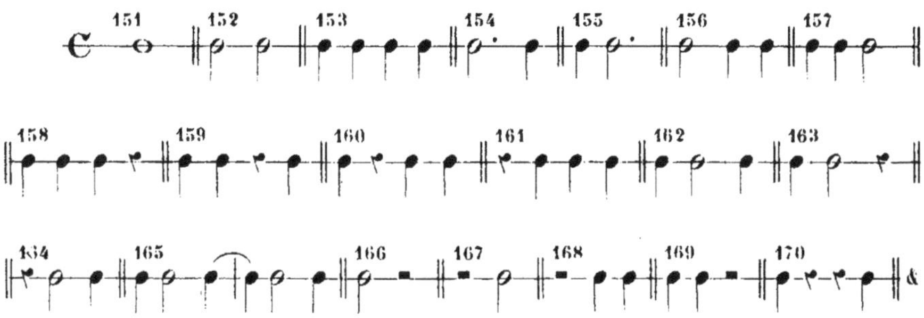

LECONS

176
177
Rondes, Blanches — Pauses, Demi-pauses.
178
179
180
Noires.
181
Blanches et Noires.
182
183
Rondes, Blanches et Noires.
184
Rondes, Blanches, Noires — Pauses Demi-pauses et Soupirs.
185
186
A. L. 6417.

20

192
Mêmes valeurs de notes et de silences avec la Blanche pointée.
193
194
195
196
Moderato
197

(*) Reprendre au commencement.

ÉTUDE de DIFFÉRENTES FORMULES [*]
sur les *Quatre premiers Dièzes*, les *Quatre premiers Bémols* et le *Bécarre*

LEÇONS
sur les *quatre premiers dièzes*, les *quatre premiers bémols* et le *bécarre*

[*] Le professeur pourra trouver sur ces principes, d'autres formules, qu'il écrira au tableau.

Le ♯ sert à hausser le son de la note d'un ½ ton, le ♭ sert à baisser le son de la note d'un ½ ton, le ♮ détruit l'effet produit par le ♯ ou le ♭.

(*) D.C. ou Da Capo indique qu'il faut reprendre à la tête du morceau de musique jusqu'au mot FIN.

A.C.6417.

Moderato
247
Moderato
248
Moderato
249
Moderato
250
mf
Allegretto
251
mf
Cresc.
f
A.L. 6417.

TON *de LA MINEUR*

ÉTUDE de DIFFÉRENTES FORMULES
pour le *ton* de *La mineur.*

NOTA. Le professeur pourra trouver d'autres formules à écrire au tableau.
Après les exercices d'intonation, on ne saurait trop pratiquer la dictée orale dans tous les tons.

EXERCICES

sur les principaux accords de la gamme de *La mineur.*

LEÇONS

dans le ton de *La mineur*

271
Moderato
p
272
Moderato
273
Allegretto
274
Allegretto
p
Cresc.
mf
Cresc.
275
Moderato
276
Andantino
mf

Andantino
277
mf
Allegretto
278
f
mf
Allegretto
279
Moderato
280
A. L. 6417.

ÉTUDE de la CROCHE

MESURE à $\frac{2}{4}$

EXERCICES PRÉPARATOIRES

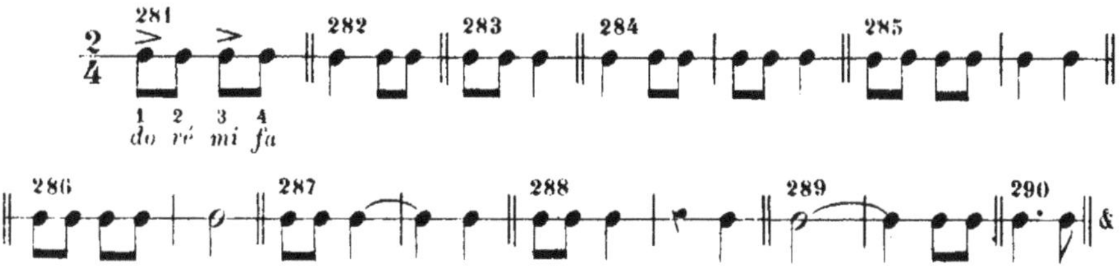

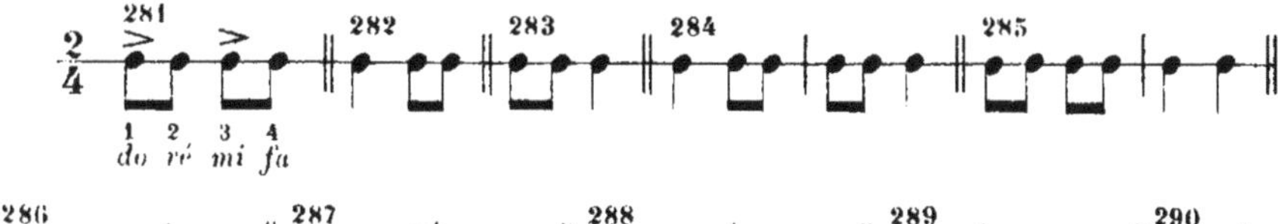

LECONS
Ton d'*Ut majeur* et de *La mineur*.

Moderato
291 mf

Andantino
292 mf

Andantino
293 mf

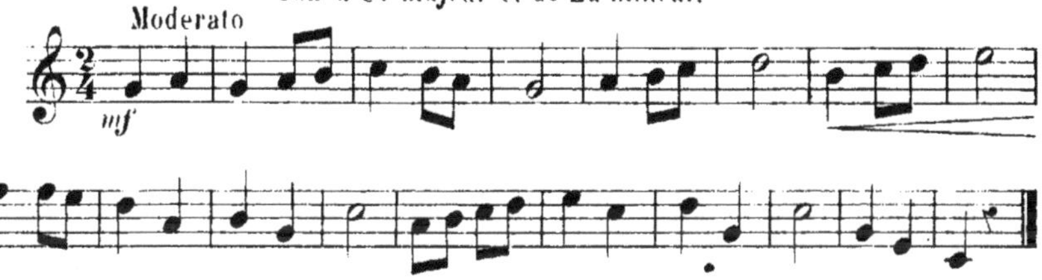

A.L. 6417.

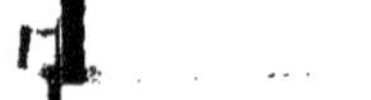

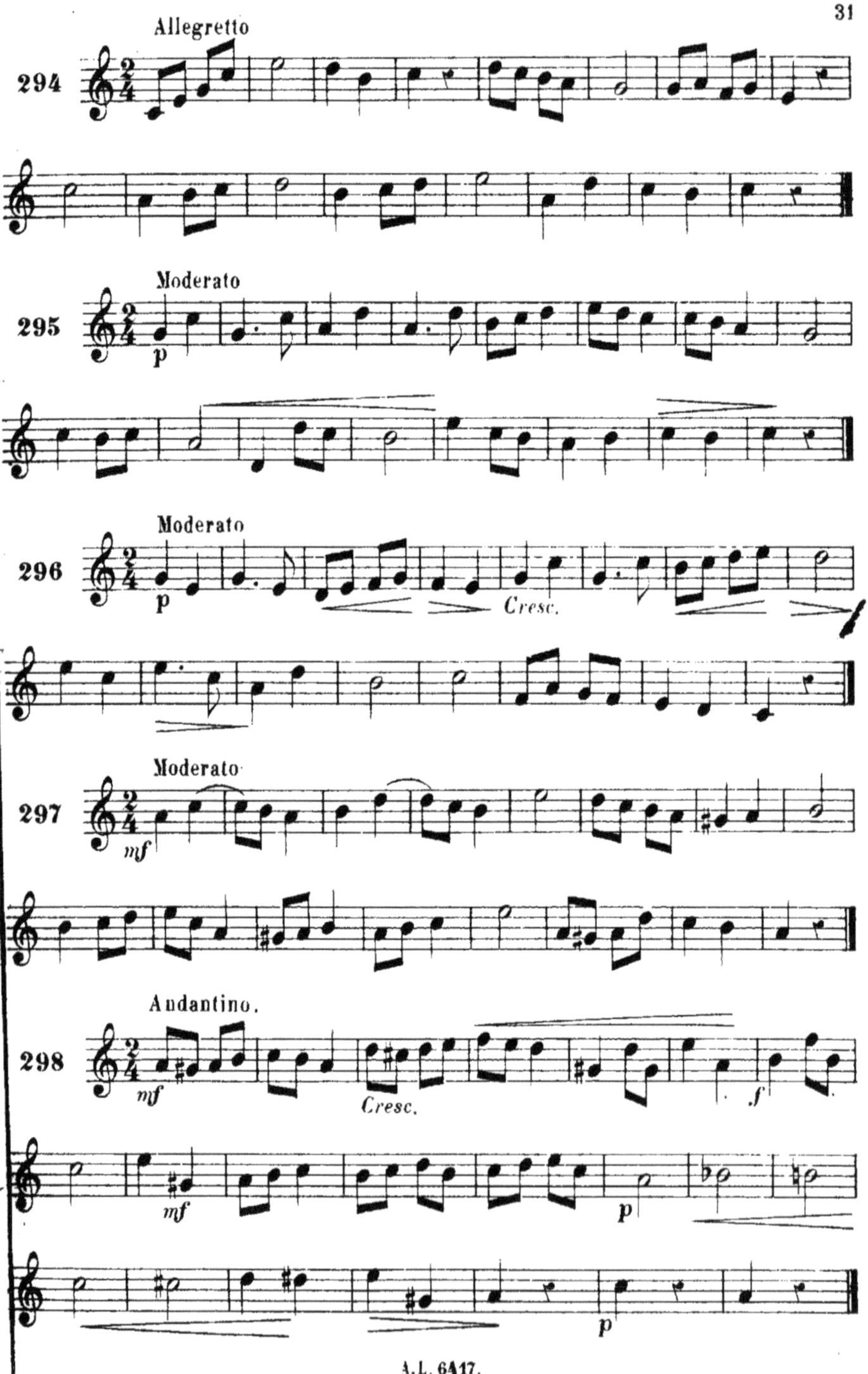
Allegretto
294
Moderato
295
p
Moderato
296
p
Cresc.
Moderato
297
mf
Andantino.
298
mf
Cresc.
f
mf
p
p

MESURE à $\frac{3}{4}$

EXERCICES PRÉPARATOIRES

LEÇONS

(*) Renvoi, arrivé au second renvoi, on doit reprendre au commencement jusqu'au mot *Fin*.

Andantino
319
mf
Andantino
320
Andante
321
p
mf
Andantino
322
mf
FIN
Andante
323
p
Cresc.
Rit.

Andantino
324
mf
Andantino
325
Andantino
326
mf
Cresc.
f
mf
Cresc.
f
Dim.
p

MESURE à C ou $\frac{4}{4}$

EXERCICES PRÉPARATOIRES

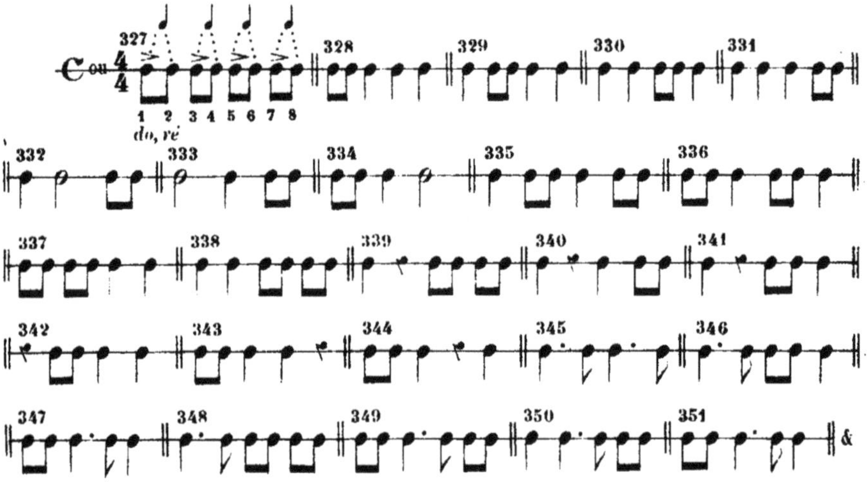

LEÇONS

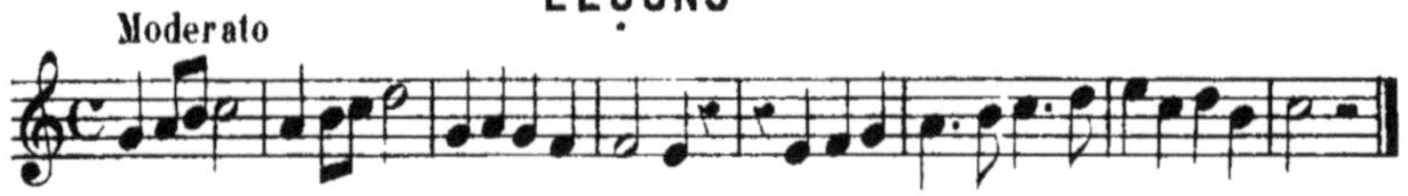

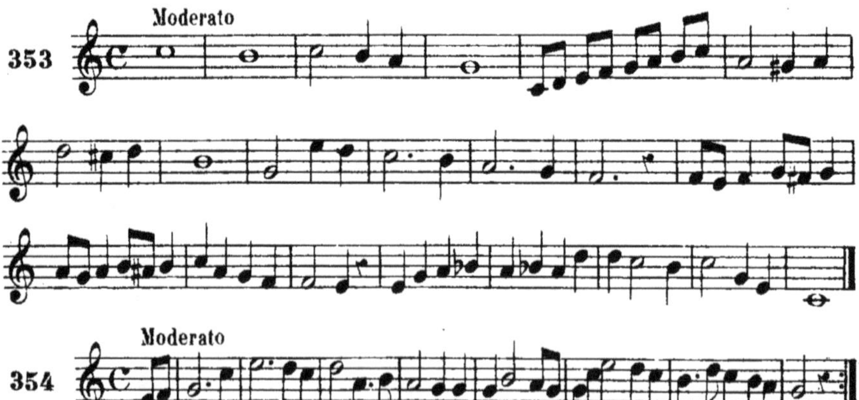

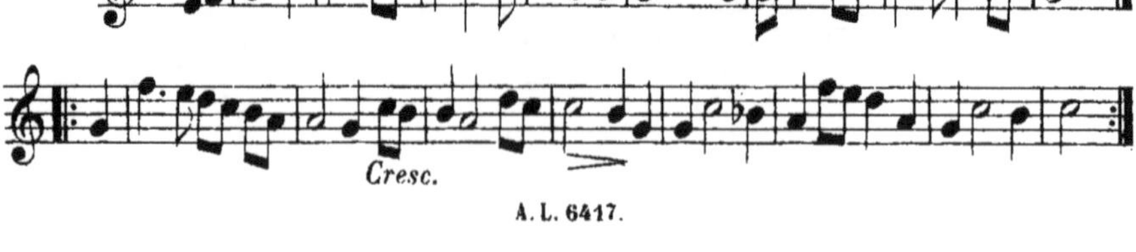

355 Andantino
356 Andantino
357 Andantino
358 Andantino
359 Moderato
p
mf
Dim.
360 Moderato
f
p
mf
A.L. 6417.

NOTA.—Toutes les mesures à C ou $\frac{4}{4}$ peuvent se chanter dans la mesure à $\frac{2}{2}$.

MESURE à ₵ ou $\frac{2}{2}$ [*]

EXERCICES PRÉPARATOIRES

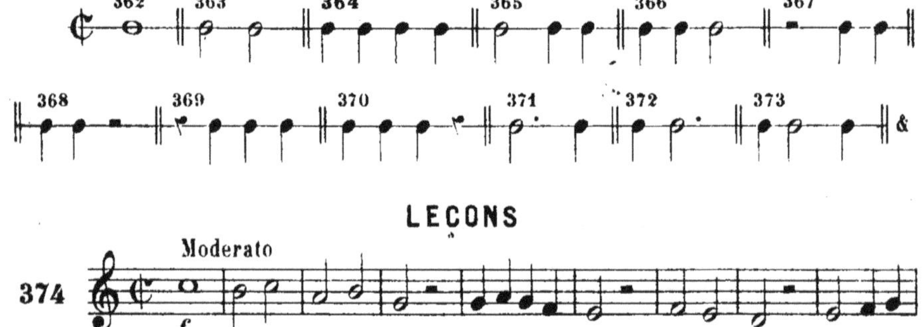

LEÇONS

[*] Dans la mesure à $\frac{2}{2}$, toutes les figures de notes et de silences perdent, relativement à la mesure à $\frac{2}{4}$, la moitié de leur valeur.

38

Moderato
376
mf
Moderato
377
Moderato
378
Moderato
379
p
mf
Allegretto
380
mf
A.L. 6417.

ÉTUDE de la SYNCOPE

MESURES A $\frac{2}{4}$, $\frac{3}{4}$ ET $\frac{4}{4}$.

EXERCICES PRÉPARATOIRES

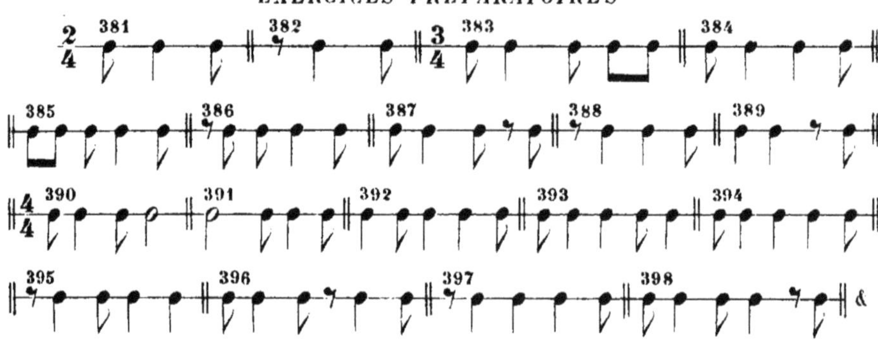

LEÇONS

sur les *Syncopes de croches*. A lire et à chanter.

MESURE à $\frac{2}{4}$

402
402bis
Moderato
403
Moderato
404
Moderato
405
mf
Moderato
406
p

Moderato
407 
Moderato
408 
Moderato
409 
Moderato
410 
Moderato
411 
MESURE à 3/4
412
413
413 bis
A. L. 6417.

Moderato
414
Moderato
415
mf
Andantino
416
mf
Andantino
417
mf

Moderato
418
Moderato
419
mf
p
Dim.
f
mf
Moderato
420
mf
Moderato
421
mf
A.L. 6417.

Andantino
422
p
Andantino
423
p
mf
Allegretto
424
mf
MESURE à 4/4
425
C

426
426 bis
Moderato
427
Moderato
428
Moderato
429

Moderato
430
Moderato
431
Andantino
432
Andantino
433
mf
Dim.
Andantino
434

ÉTUDE du CONTRE-TEMPS[*]

MESURE à $\frac{2}{4}$

EXERCICES PRÉPARATOIRES

LEÇONS

(*) Un son attaqué après le temps s'appelle *contre-temps*.

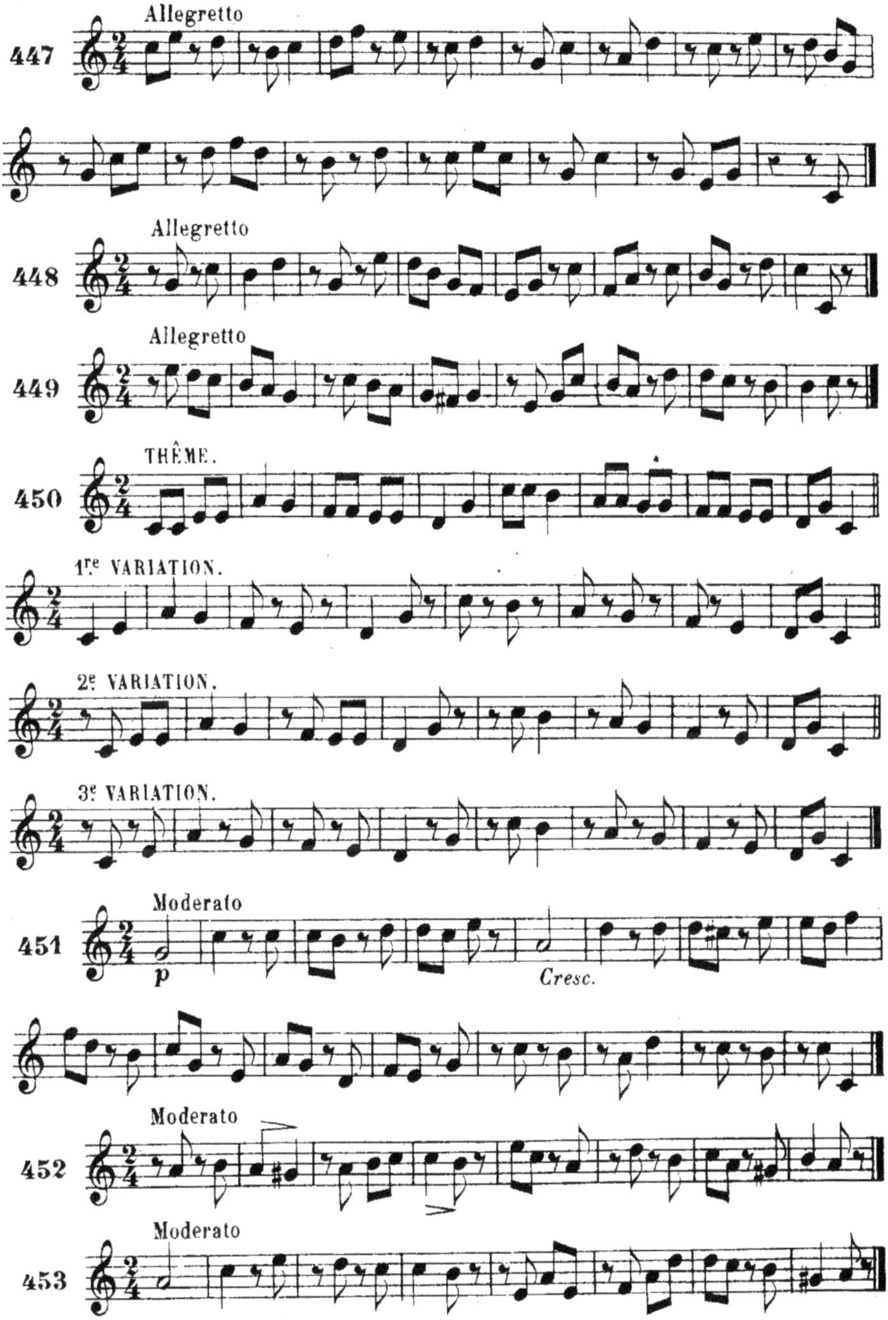

447 Allegretto

448 Allegretto

449 Allegretto

450 THÊME.

1re VARIATION.

2e VARIATION.

3e VARIATION.

451 Moderato

452 Moderato

453 Moderato

MESURE à 3/4

EXERCICES PRÉPARATOIRES

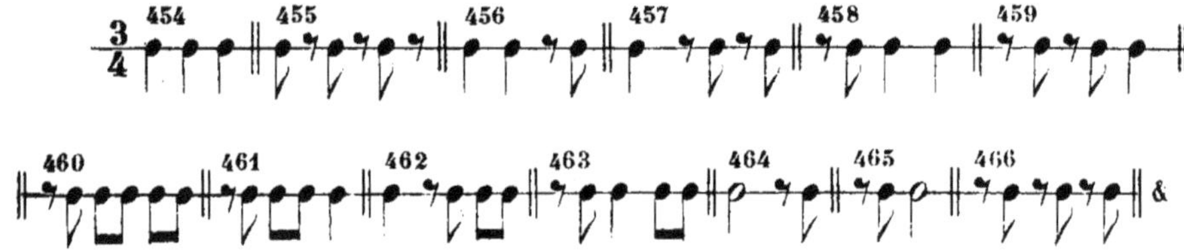

LEÇONS

A.L.6417.

Moderato
471
Moderato
472
FIN
473
Moderato
474
Moderato
A. L. 6417.

475 Andante
p
FIN
mf
476 Andante
Dolce.
477 Andantino
p
Rit.
478 Allegretto
mf
479
A.L. 6417.

MESURE à C ou $\frac{4}{4}$

EXERCICES PRÉPARATOIRES

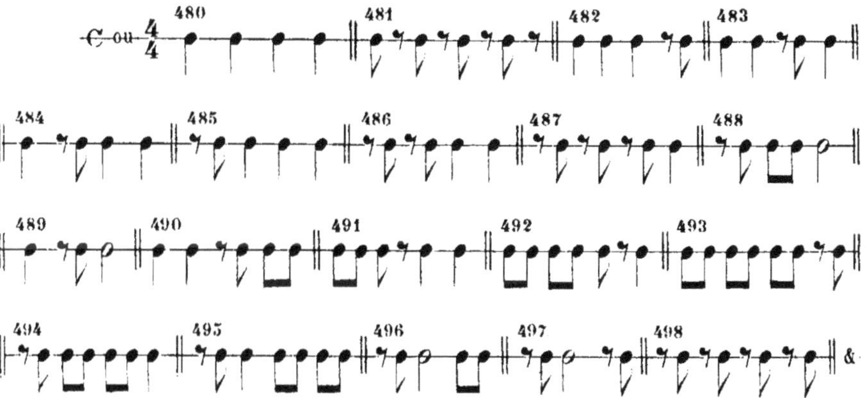

LEÇONS

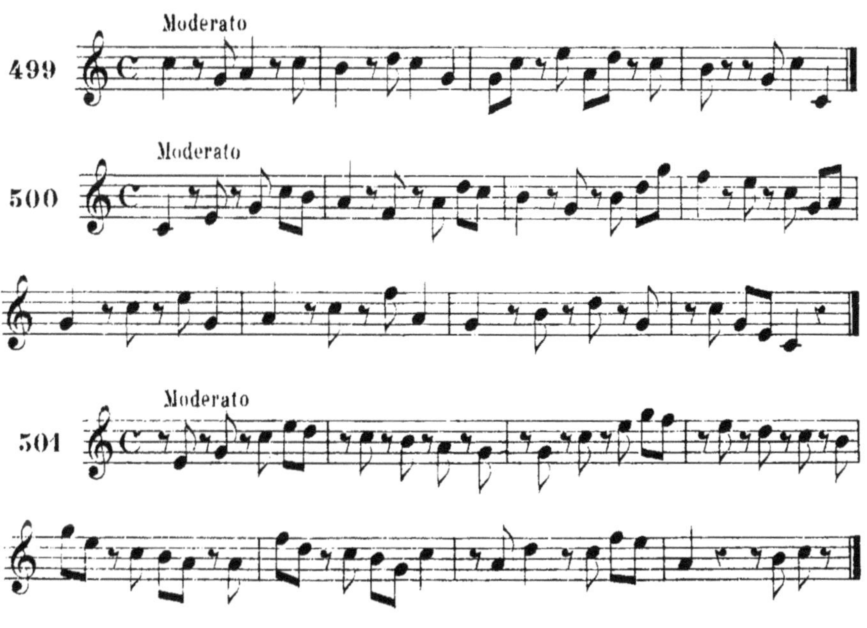

Moderato
502.
Moderato
503
Moderato
504
Moderato
505
f

Moderato
506
mf
Cresc.
f
Moderato
507
f
Moderato
508
mf
Moderato
509
mf

A.L. 6417.

Moderato.
510
f
Moderato.
511
f
Moderato.
512
f

ETUDE du TRIOLET [*]

MESURE à $\frac{2}{4}$

EXERCICES PRÉPARATOIRES

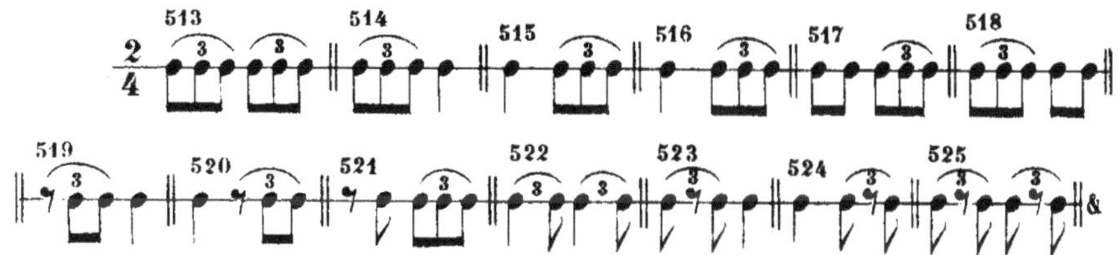

LEÇONS

(*) Le *triolet* s'indique par un 3 placé au-dessus ou au dessous du groupe.

MESURE à 3/4

EXERCICES PRÉPARATOIRES

LEÇONS

Moderato
549
mf
Cresc.
Andantino
550
Andante
551
p
mf
Allegretto
552
mf
Cresc.
ff

MESURE à C ou $\frac{4}{4}$

EXERCICES PRÉPARATOIRES

LEÇONS

573
Marziale
mf
574
Moderato
575
Moderato
576
Moderato
Dim.
pp

MESURE à $\frac{2}{2}$ ou ¢

EXERCICES PRÉPARATOIRES

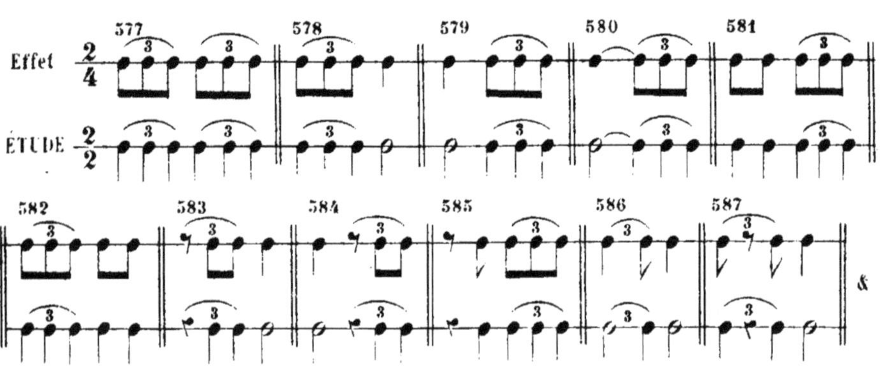

LEÇONS

EXERCICES d'INTONATIONS PRÉPARATOIRES
à la *gamme chromatique*.

Emploi des ♯ et ♭

596
597
598
599
600

601
602
603

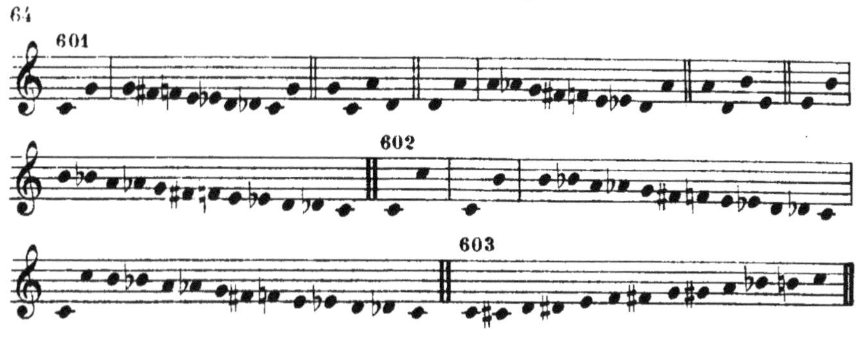

LEÇONS

dans le *genre Chromatique.*

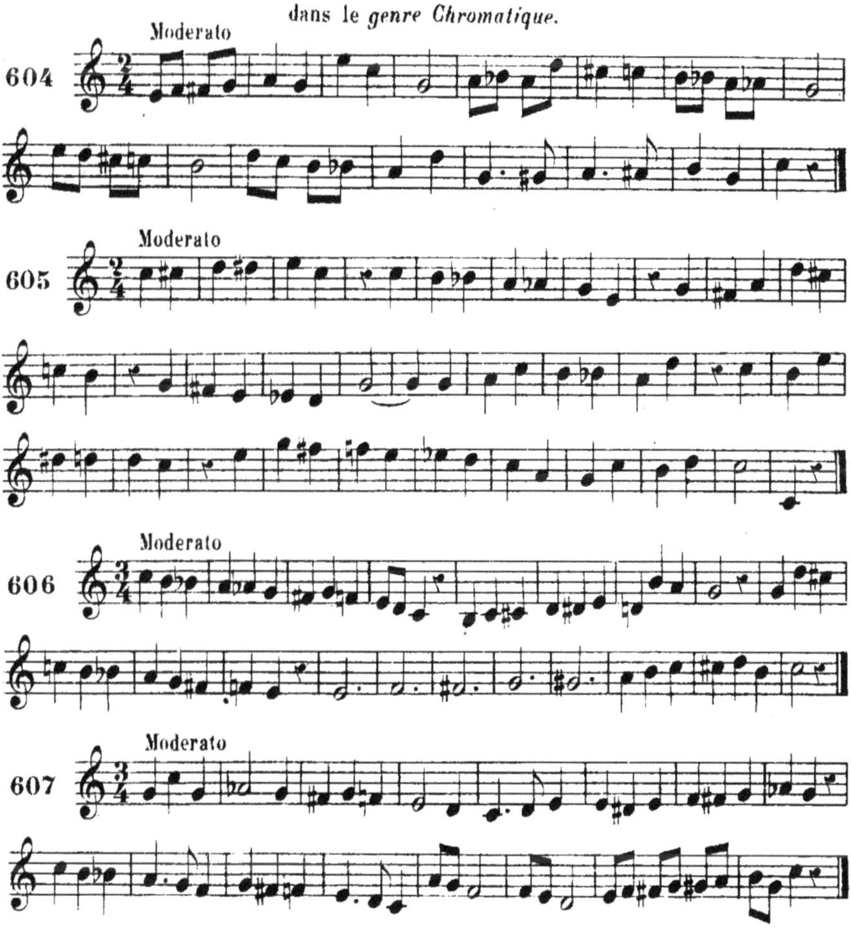
Moderato
604
Moderato
605
Moderato
606
Moderato
607

A.L. 6417.

Moderato
608
p
mf
Moderato
609
Moderato
610
mf
Moderato
611
mf
Moderato
612

EXERCICES d'INTONATIONS
sur les intervalles augmentés.

Sur les intervalles diminués.

LECONS
sur les intervalles *diminués* et *augmentés*.

A.I.6417.

628
Andantino
629
Andantino
mf
630
Andantino
FIN
631
Andantino
mf
Cre _ _ _ scen _
_ do.
f
f
f
632
Andantino
A.L.6417.

633
Allegretto
mf
634
Allegretto
mf
635
Allegro
f

ÉTUDE des MESURES COMPOSÉES (*)

MESURE à 6/8

EXERCICES PRÉPARATOIRES de ♪

LEÇONS

(*) On forme une mesure composée en ajoutant un point à chaque temps de la mesure simple

% Allegretto
657
FIN.
%
Allegretto
658
mf
Moderato
659
mf
mf
p
Cresc.
Moderato
660
mf
mf

A.L.6417.

MESURE à $\frac{9}{8}$

EXERCICES PRÉPARATOIRES de ♪

LEÇONS

Moderato
682 
Moderato
683 
Moderato
684
A.L.6417.

MESURE à $\frac{12}{8}$

EXERCICES PRÉPARATOIRES de ♪

LEÇONS

Moderato
703
Moderato
704
f

MESURE à $\frac{3}{8}$ (*)

EXERCICES PRÉPARATOIRES

LEÇONS

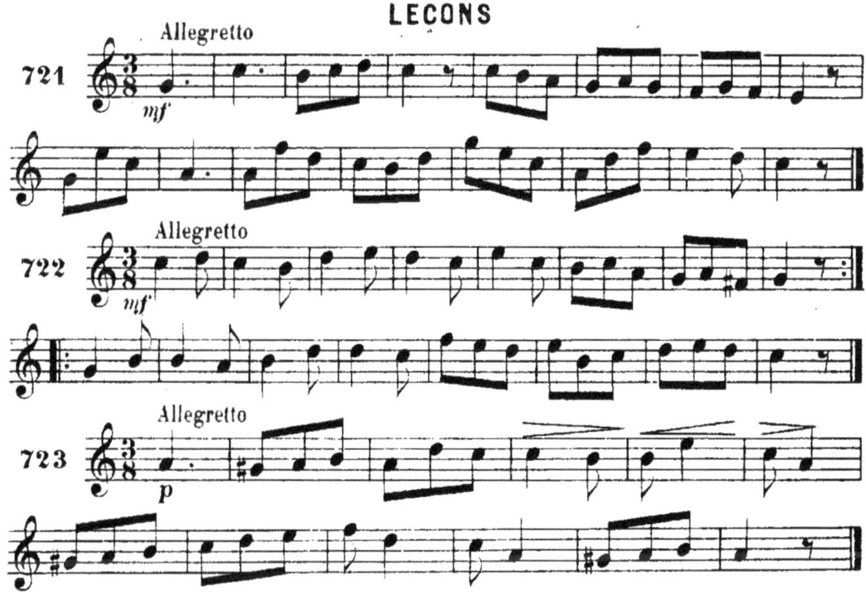

(*) Relativement à la mesure à $\frac{3}{4}$, les figures de notes et de silences se trouvent doublées dans la mesure à $\frac{3}{8}$.

A.L.6417.

TON de SOL MAJEUR [*]

FORMULES PRÉPARATOIRES à l'INTONATION

LEÇONS
dans le ton de *Sol majeur*.

(*) Pour trouver le ton majeur lorsqu'il y a des ♯ il faut prendre un ½ ton au-dessus du dernier ♯ placé à la clef. Ce dernier ♯ est toujours la sensible du ton majeur.

A.L.6417.

Moderato
743
mf
Moderato
744
mf
Moderato
745
mf
Moderato
Cresc.
746
f
mf
p

TON de MI MINEUR (*) (relatif de Sol majeur)

FORMULES PRÉPARATOIRES à l'INTONATION

(*) Chaque ton majeur a un ton relatif mineur dont la tonique est toujours une tierce mineu_re au-dessous de la tonique majeure. La note sensible du ton mineur est toujours l'altération as_cendante de la dominante du ton majeur.

TON de *FA MAJEUR*[*]

FORMULES PRÉPARATOIRES à l'INTONATION

LECONS
dans le ton de *Fa majeur.*

[*] Pour trouver le ton majeur lorsqu'il y a.des ♭ on prend la quarte au-dessous ou la quinte au-dessus du dernier bémol, ou bien encore on prend l'avant-dernier ♭ qui est la tonique. Ce dernier ♭ est toujours la sous-dominante du ton majeur.

Moderato
783
p
Cresc.
Moderato
784
mf
Moderato
785
mf
mf
Allegro
786
f
mf

TON de RÉ MINEUR (relatif de *Fa majeur*)

FORMULES PRÉPARATOIRES à l'INTONATION

LECONS
dans le ton de *Ré mineur.*

A.L.6417.

TON de RÉ MAJEUR

FORMULES PRÉPARATOIRES à l'INTONATION

LEÇONS

dans le ton de *Ré majeur.*

TON de SI MINEUR (relatif de *Ré majeur*)

FORMULES PRÉPARATOIRES à l'INTONATION

809
810
811
812
813
814
815
816

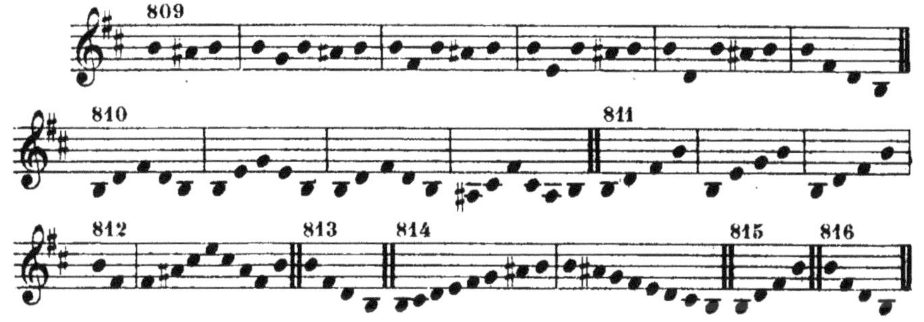

LEÇONS

dans le ton de *Si mineur*.

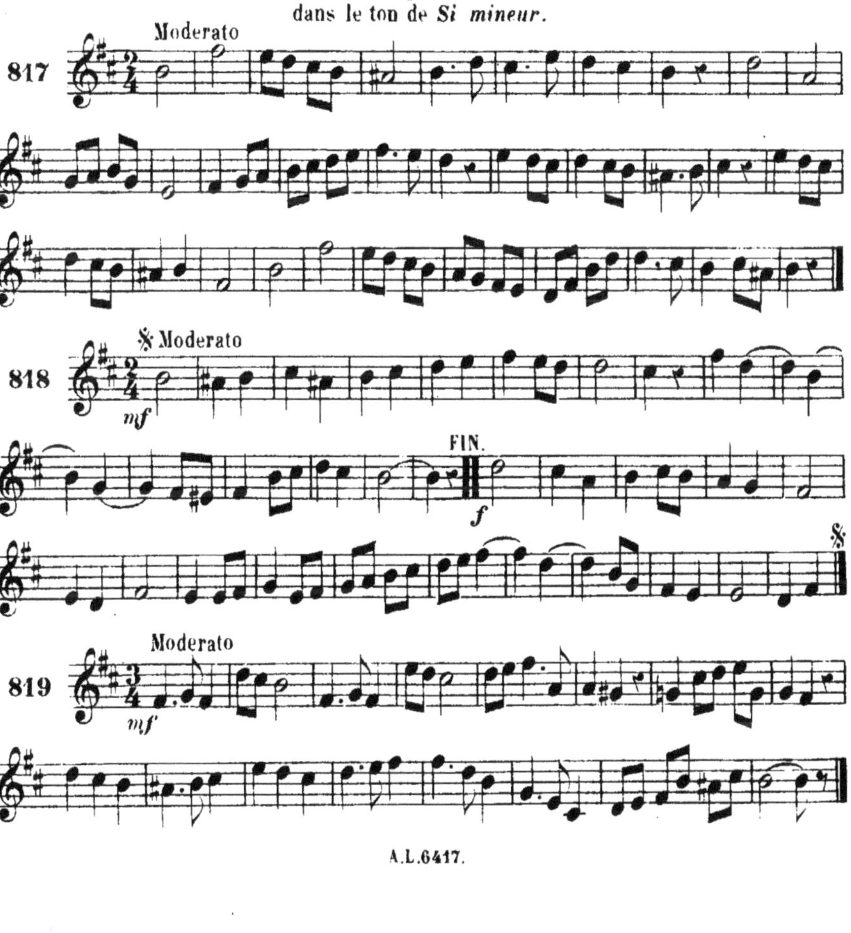
Moderato
817
Moderato
818
mf
FIN.
f
Moderato
819
mf

A.L.6417.

FORMULES PRÉPARATOIRES à l'INTONATION

LEÇONS
dans le ton de *Si♭ majeur.*

TON de SOL MINEUR (relatif de Si♭ majeur)

FORMULES PRÉPARATOIRES à l'INTONATION

LECONS
dans le ton de *Sol mineur.*

A.L.6417.

ÉTUDE de la DOUBLE-CROCHE

EXERCICES PRÉPARATOIRES sur les Mesures à $\frac{2}{4}$, $\frac{3}{4}$ *et* $\frac{4}{4}$

MESURE à $\frac{2}{4}$

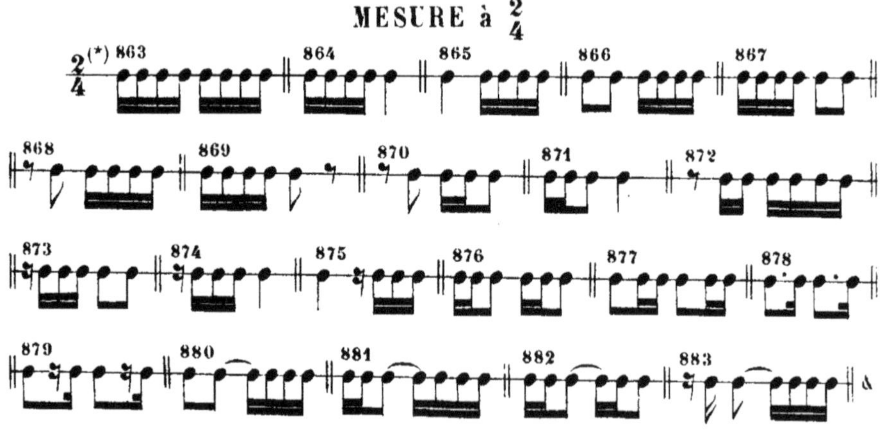

(*) Il est toujours très important, lorsque l'on a à lire ou à chanter des groupes de 2, 3 ou 4 notes et plus par temps, d'accentuer un peu la première de chaque temps, afin que la mesure soit solidement établie.

MESURE à $\frac{3}{4}$

MESURE à $\frac{4}{4}$

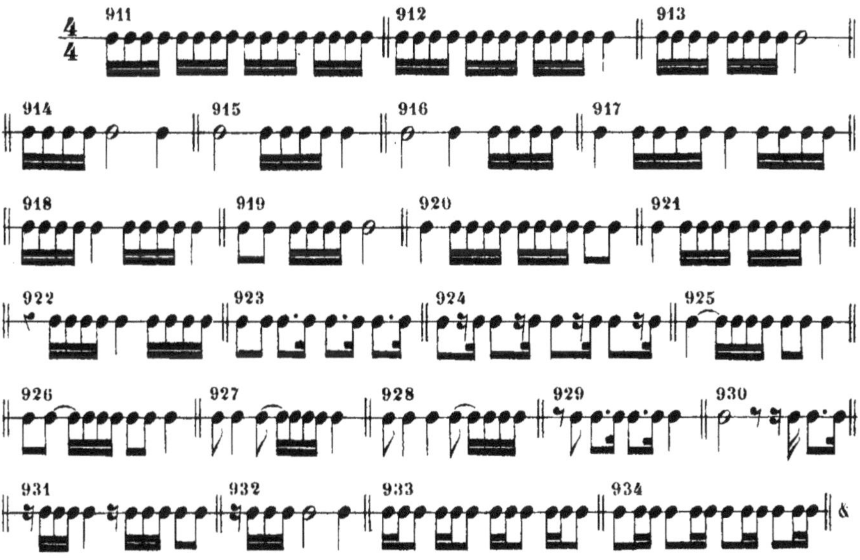

LEÇONS
avec des *doubles-croches.*

EXERCICES[*]

pour apprendre à connaitre les notes avec la *Clef de fa 4ᵐᵉ ligne*.

LECONS

sur la *Clef de fa 4ᵐᵉ ligne*.

---

[*] Ces exercices, 939 à 949, doivent être lus et non chantés.

952 Allegretto
mf

953 𝄋 Allegretto
f

FIN.

954 Allegretto
mf

955 Allegro

Allegro
956
Moderato
957
Moderato
958
f
Moderato
959
f
Moderato
960
ff
f

Moderato
963
Moderato
962
Andantino
963
A.L.6417.

LEÇONS À DEUX VOIX ÉGALES

A.L.6417.

Allegretto.
967
mf
mf
Allegretto
968
mf
mf
Moderato
969

Allegretto.
970
mf
mf
Moderato.
971
p
p
mf
mf
Moderato
972
mf
mf
973
f
f

Allegretto
974
mf
mf
Cantabile.
975
Dolce.
Andantino
976
CANON
f
f

L.6417.

977

978

979

980

Allegretto.
981 
mf
mf
Moderato
982 
mf
mf
Moderato
983
mf
mf
A.I..6417.

Andantiuo
984
mf
mf
Moderato
985
mf
mf
FIN.
A.L.6417

Moderato
986
f
f
Andantino.
987
Dolce.
Allegretto
988
A.L.6417

Moderato
989
Moderato
990
f
f
Moderato
991
mf
mf

Moderato
992
f
f
Moderato
993
f
f
Andante
994
mf
mf

Cantabile
995
Allegretto.
f
f
996
A.L.6417.

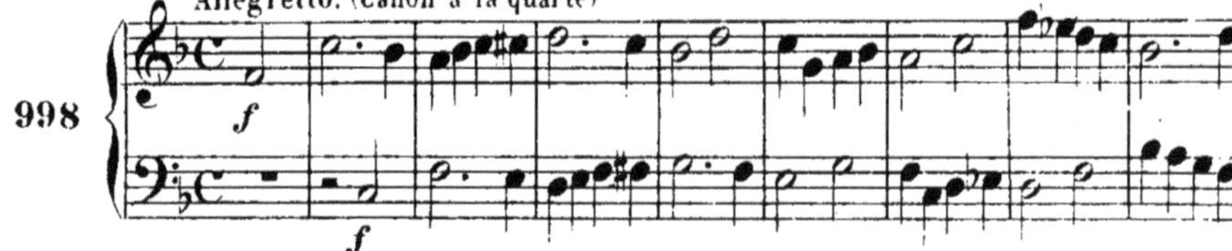

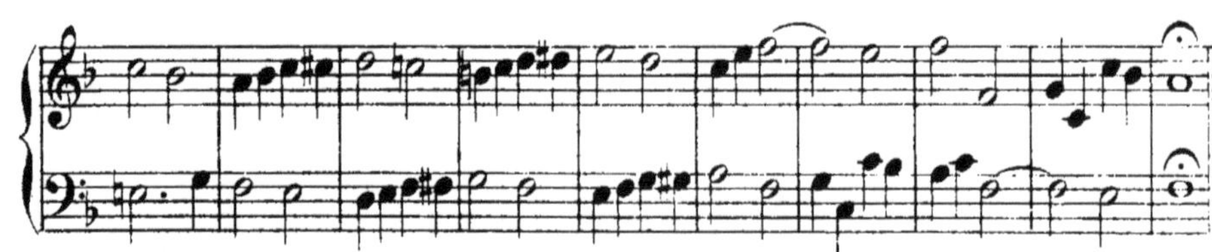

Imp. Chaimbaud & Cie rue de la Tour-d'Auvergne 18.

TABLE DES MATIÈRES

BIBLIOTHÈQUE — IMPRIMÉS

Milton Keynes UK
Ingram Content Group UK Ltd.
UKHW030139120324
439192UK00007B/509